# 感じるままに生きなさい

## 山伏の流儀

羽黒山伏
星野文紘
Hoshino Fumihiro

さくら舎

# はじめに

「先達《せんだつ》の話は、体に入ってくる」とよくいわれる。
体に残るというのは、ほめ言葉だと思って聞いているんだけれどね。
俺の話は、頭には入らないんだよ。
頭で考えなくていいの。
ものすごくシンプルだから。
講演会なんか行くと、頭を使うだろう。ぜい肉がいっぱいついている話だから、
頭で考えて聞いてないととらえられない。
俺の場合、頭は通り過ぎる。
それで、体のなかへ入っちゃう。
山伏の修行は、自然のなかに身を置いて、感じることだ。
体を張って、そこで感じたことを俺はしゃべっている。

みんな、俺の気づき。

悟《さと》りというのは、気づき、気づき、気づきの積み重ねで、出てくるようなものの気がするんだけれどね。

去年は五月からずっと山に入っての修行がつづいていた。

いよいよその夏最後の月山《がっさん》に山駈《やまが》けしたとき、頂上に立って湯殿山《ゆどのさん》を見た。そうしたら「湯殿山に飛んでいけそうだ」と感じたんだ。

そう感じたとき、わかったんだよ。

役行者《えんのぎょうじゃ》が伊豆に流されて、富士山に飛んでいったというだろ。

これだって、役行者はものすごく修行をした人だから「富士山に飛んでいける」と感じたんだ。

その「感じた」ことが「行った」となる。

そういうものじゃない？

そういうことさ。

感じたまんまが、答えになっているんだよ。

昔の人たちは魂《たましい》が強いから、魂のままにまに、感じたままにやってきた。

## はじめに

いまはそれが必要だと、俺はさかんにいっている。
修験道《しゅげんどう》は、大自然のなかに身を置いて、感じたことを考える学問。
いってみれば、「感じたことを考える哲学」なんだよ。
修験道というのは、書き残さない。
感じるところから物事ははじまるから。
書き残したら、それが答えになっちゃう。
修行して感じるのにも、いろいろな感じ方があるだろう。
感じ方に正しい、間違いはないからね。
この本で話していることも、みんな俺の気づきだ。
本質はシンプルなんだよ。
だから腑《ふ》に落ちるんだね。

星野《ほしの》文紘《ふみひろ》（山伏名・尚文《しょうぶん》）

感じるままに生きなさい◆目次

## 二 自然と人をつなぐ山伏

## 三 感じる力を呼び覚ます修行

## 四

## 野性の女と度量の男

# 五 見えないものを見る祈り

# 感じるままに生きなさい

山伏の流儀

# 一

# よみがえる山の思想

# 修験道に言葉はいらない

「修験道《しゅげんどう》って何ですか？」

私はいつもこう答える。

「大自然のなかに身を置いて、感じたことを考える哲学」

まず感じること。それから考える。

その場に身を置かないとわからないことって、あるからね。

だから説明しない。俺は修行に入ったらほとんどしゃべらない。

山伏から聞くんじゃない。

大自然が先生だ。

山伏はただつなぐ人。

# 自然のなかでお祈りするとなにかを感じてくる

しっかり自然をお祈りして歩くことだよ。

ハイキングや登山の人、もったいないなあと思う。山に入って、なんでお祈りしないんだろう。昔の人は祈りが日常だから、自然とお祈りしたもの。

山、川、海にいて感じること。

虫、動物、花、葉とかそういうふうなもののなにかを感じる。

ハイキングでは、自然のなかで気持ちいいね、楽しいねとはよくいうけれど、その先は見えてこない。

自然のなかでお祈りすることで、それが見えてくるんだよ。

昔の人はしっかりそれをやっていた。

いろんなものを感じて、考えて、やってきたんだね。
豊葦原瑞穂国《とよあしはらのみずほのくに》。日本のことだ。
感じて考えて出た言葉だね。
葦の原、葦というものは水を浄化する。豊かな葦があるきれいな水のところで、
瑞々《みずみず》しいお米がとれる国。
感じたままに出てきた言葉だ。
すべてがそういうこと。

## 魂を強くすれば
## 見えないものが
## 見えてくる

昔の人は魂《たましい》が強いと思う。
昔にいけばいくほど魂は強い。
いまの人たちと話してると、「魂って何ですか？」「どこにあるんですか？」って。
そういう時代になっちゃってるんだね。
見えないものを科学的に話そうと、頭で考えたって、見えてこない。
見えないものを見るには、魂を強くしないと。
私は、そう思ってる。

# 日本人は魂が九割の生き方をしていた

縄文《じょうもん》のころ、人は魂九割で生きていたと思う。
生きることをつないでいって死ぬ。
命をつないでいるものはなにか？
食べものだ。
ところが、「命のもと」の食べものは、いま、「健康のもと」と置き換えられている。
食べものは命のもと。健康のために食べるんじゃない。
食べられなくなったら、死ぬんです。
これは当たり前のことなんだ。
食べられなかったら死ぬ。それが命というもの。

命をつないでいくために、食べものを探すわけで、その食べものはどこにあるか？
山や川や海だよね。そこからいただいてきた。
縄文の人たちは、食べものをとった。
そして、命をつくった。
その命をつくるのも、感じあった男と女が交わりあってだ。
交わりあうっていうのは、魂が交わりあってだよ。
男と女が感じあって、魂が交わりあって、命が出てきた。
そして食べて、またつないでいくってことじゃないの。
それしかないと思うんだよな。

# お花見は
# 神様といっしょに
# 豊作を祈るものだった

日本人は、感じたことをいろいろ考えて、自分たちの精神性というものを伝えてきた。

桜。さくら。

やまと言葉では、「さ」＋「くら」だという。

「さ」というのは、稲魂《いなだま》、田の神、穀霊《こくれい》のこと。つまり、命のもと、食べものだね。米が日本に伝わってきてから、日本人は定住したっていうだろ。それまでは山、川、海を食べものを求めて移動していた。

「くら」磐座《いわくら》って聞いたことがあるかな。神様がおわす場所、神様をお迎えする坐。

「さ・くら」は、田の神が憑《よ》りつく木なんだ。

日本の桜は、南から北へずーっと咲いていくけれど、どこでも、田んぼがはじまる前に咲いていく。

昔の人は魂で感じたよね、これは田の神様が降りてくる木だと。

それで、桜が咲くと「今年も豊作でありますように」と祈って、降りてきた田の神様とみんながいっしょに、よろこんで、お酒や食べものを飲み食いする。

それが花見。本来の花見だ。

昔の人は、その時期時期のことを感じて、それを考えてやってきている。

ところがいまの人たちは、「さ・くら」の、飲み食いしたところだけをとってやっている。

祈りの部分だけストーンとなくなっちゃっている。

いま、足りないのはこれじゃないのかな。

世の中、みんな知識だけで回ろうとしている。

でも、考えてやったことなんて三年とつづかないじゃない。五年もたない。

ところが感じたことを考えてやったことは一〇〇〇年以上もっている。それが普遍性だよね。

いかに、感じたことを考えてやるか。

そうすれば、絶対に幸福がつづく。

継続はパワーだということ。
昔の人は、そうしてきたんだろうね。

# 自然には人間も含まれている

日本には、豊かな自然の四季がある。

その変化とともに生きてきた。

祈りを入れながら、感じて、いろんなことを考えて、やってきているんだね。

近世、江戸時代まではそうだった。

明治から、西欧文化が入ってきた。明治政府はいち早く日本を近代国家にするために、まねをした。

言葉も変わって、日本の本来持っているものが欧米化された。

自《おの》ずと然《しか》り。自然。

「じねん」ともいうし、「しぜん」ともいう。

いまつかっている自然（しぜん）という言葉は、江戸時代までは、自然（じねん）といっていたんだね。

自然（じねん）という言葉のなかには、人間も入っている。

自然（じねん）といったら、山や川や海や岩なんかと同じように、人間もそのなかにあった。

いっぽうで、しぜん、という言葉もつかっていた。「しぜんとね、こないだ、気が向いて……」というふうに、会話のなかに出てくる。

ところが、ネイチャーという言葉を翻訳するときに、「自然」の語をつかって「しぜん」としたんだ。親しくお付き合いさせてもらってる哲学者の内山節《うちやまたかし》さんに最近聞いた話では、森鷗外《もりおうがい》だっていうんだなあ。

それで人間がはずれちゃった。

欧米では、ネイチャーには、人間は入っていないからね。

それ以降だよ。人間と自然の共生なんて言葉をつかったり、自然と人間の一体化という言い方をしたり。もう、わけがわからなくなってきている。

人間は、山や川や海や森や岩や木や花や虫とおなじ、自然の一部なのに。

# 神様と仏様は
# ずっと
# 同居してきた

宗教なんて言葉は、近世まで日本にはない。

明治以降だよ、つかうようになったのは。

日本人はあくまでも、自然が神。その神様は、国を護《まも》ってくれる大きいものなんだ。

六世紀に仏教が入ってきた。仏様のほうは、個人の生き方だ。××しちゃいけない、〇〇しなさいってことだね。教祖もいて、教義経典も必要になってくる。

ところが自然が神という神様の世界は、教祖もいないし、教義経典もない。

日本人には、自然のなかで自分が感じたことが答えだ。

そんなふうに、神様と仏様は棲《す》み分けていた。だから、うまく神様と仏様が同居できたんだろうね、日本人には。

それを、神仏習合《しんぶつしゅうごう》っていうんだよ。
むずかしいことを教えられても、俺はわからないけど、
自分がいままで山伏で生きてきて、感じてきたことは、こういうことだ。
自分が感じたことを考える。それが日本人だ。
昔の人は、ぜんぶそうだったんだと思う。当たり前のことだったんだよ。

# 山は女性の体、胎内だよ

修験道は、山岳宗教だ。

当たり前のことだけど、日本はこんな狭《せま》い国で、その七、八割が山だ。山を意識しなきゃ生きてはいけない。

お江戸にくると、知的な人が集まってくる。

そういう人たちの前で、「修験道は山岳宗教だ」なんていっても、どうせつまらない話だろう、自分で本を読めばわかるよ、で終わってしまう。

だから俺は、「日本人にとって山の思想とは」と切り出す。

そうするとみんな、ぐいっと身を乗り出してくる。

気になるんだよ。

日本人にとっての山の思想。

山岳信仰とか、修験道とか、密教とか、そういうものを混ぜて、ごろんと出して話すとすれば、山というのは、女性の体だ。

胎内《たいない》だよ。

赤ちゃんが生まれてくるところ。

修行で山に入って出てくると、すがすがしい気持ちに感じる。

だから、生まれ変わる、新しい命となって出てくると考えたんだろう。

そこからはじまるんだよ。

命がなければ話にならないよ。

# 生きとし生けるもの、みんな山から命をいただいてる

新しい命が生まれてきたら、こんどはその命をつながなきゃならない。

命をつないでいくのは食べものだね。

その食べものは、どこからいただくか？

山からだよ。

山の葉っぱがみんな落ちて、腐葉土《ふようど》になって、雨や雪が降って、その栄養素が川にとけ込んで、川の魚もみんなそれを食べて大きくなる。

そして川は海まで流れていき、海でプランクトンができて、海のものもそれを食べて大きくなる。山が命のもとを与えてくれてるんだ。

命は循環だ。

すべての生きとし生けるものは、山から命をいただいている。

山は水をたくわえる水がめだから、畑や田んぼも山から水をいただいて育つ。

山は命の源《みなもと》なんだね。

山から生まれ、山に食べさせてもらっているのが人間というわけさ。

山伏の必需品の法螺貝《ほらがい》。海の貝だ。

山から流れてきた栄養素をいただいた貝だ。

法螺貝をお江戸で吹いても、あまりいい音が出ない。

ところが山で吹くと、法螺貝はよろこんで、ものすごくいい音を出す。

ものすごく気持ちいいもの、山で吹いたときは。法螺貝が体の一部って感じだね、ぴったり合って。

法螺貝も、山から命をいただいているのがわかってるんだな。

その感謝なんだよ、山で吹くと。

法螺貝は、俺の体をとおして、山に、ありがとうといってる。

# 山に入ると起こした間違いが消える

人間には六根《ろっこん》がある。
見る、聞く、嗅《か》ぐ、食べる、触れる、考える。
この六根から欲望が生まれて、人間はいいこともするし、間違いも起こす。
人間なんてそうそう立派なもんじゃない。
この六根をみんな持ってるんだもの。
間違いを起こすのは当たり前だ。六根がそれを起こさせるんだよ。
それじゃ、どうすればいいのか。
山に入るんだね。
山に入ると、懺悔《ざんげ》になるんだよ。

自分のおかした罪が、厳しい山を登ることによって消えていくんだ。

だから修行で山を歩くとき、

「懺悔《さんげ》懺悔《さんげ》六根清浄《ろっこんしょうじょう》、懺悔懺悔六根清浄」と唱えているんだ。

山から救われてるんだね。

大きかったり小さかったり、人は間違いをいっぱい起こしている。

法に触れるものは、法で裁かれるけれど、法で裁かれるものでない間違いや、勘違いがいっぱいある。

「悪いことをしちゃいかん」といわれたってやってしまう。

そういうものを、山が消してくれる。ありがたいね。

朝から女房とけんかして、怒る。

ああ、自分がまずかったな。そう思っても、女房にあやまるのも嫌だから、それじゃあ、と山に行く。

山から救ってもらおうか、とね。

そうすると気づくんだよ。やっぱり女房にあやまったほうがいいなって。

で、下りてくると、やっぱりあやまる。

人からいわれたらおもしろくないし素直に聞けないけれど、山から気づかせられたときは、
スキッとするんだ。
そういうものなんだよ、山は。

# 命は生きることも日常、死ぬのも日常

山というのは自然の象徴。
山でなくても、すべての自然から学ぶことが大切なんだろう。
大自然が先生。
そういうところから学んだほうが、自分が生きるうえでスキッとする。
魂がよろこぶ。そういうものなんだろうね。
いまの時代、こういうことを語らなければならないさびしさ。
昔の人たちは当たり前のようにやってたんだ。
人は山に救われてるんだよ。
そうやって命をつないできて、いよいよ成仏《じょうぶつ》する。

生をうけて生きることも日常、死んでいくのも日常。
ここを勘違いしないほうがいい。
死ぬことは特別なことじゃない。死も日常なんだ。
生きるも日常、死ぬも日常。
そういうものなんだと思うね、命っていうのは。
自然なんだよ、命っていうのは。
命っていうのは、いちばん、自《おの》ずと然《しか》りってものなんだよ。
すべては日常。特別なことなどないね。

## 生まれてからも死んだあとも、山がお世話してくれる

最後は、われわれは自然と成仏していく。

だけど、罪をおかしたまま亡くなってしまうと、その罪は消えない。

だから、自分の親やじいさん、ばあさんが亡くなると、生きている人たちが、一年、三年、七年……最後は三三年まで、しっかりと法事をして供養《くよう》していく。

供養して、生前の罪を消していくんだね。

三十三回忌ですっかりきれいになると、亡くなった人の魂は祖霊《それい》（先祖の霊）となり、高い山にのぼる。そして神様になる。

じゃあ、それまでの三三年間はどこにいるのかというと、低い山にいる。

端山《はやま》とか葉山《はやま》とか、各地にそういう低い山があるだろう。里山だね。

奥山《おくやま》、里山、野辺《のべ》、野良《のら》、里。昔の人たちは棲み分けていた。

人は里、犬猫は野良。

野辺送りっていうよね。亡くなった人の肉体は野辺に送られて土に還《かえ》るけど、その人の魂は三三年間、集落に近い端山に棲む。

三三年を過ぎてきれいになると、奥山、高い山で神様になる。

最後は、人間は神様になるんだよ。

自然は神様っていったろう。ならば、人間も自然じゃないか。

その神様が、春になると桜に降りてくるんだ。高い山から、田の神になって。

そして秋の収穫が終わると帰っていく。

結局、人間は生まれるときから死ぬときまで、死んだあとも山にお世話になっているんだね。

それが、日本人にとっての山の思想ってことだ。

# 感じるまま、
# 魂のままにやれば
# 物事はうまくいく

すべて基本は感じることだよ。
感じることからやっていくと、物事はトラブらない。
頭を使うからトラブるんだ。
考えるからむずかしくなる。
感じるからはじめるとトラブらない。
それぞれの魂のままにやっていたら、スイスイいくよ。

# 二

## 自然と人をつなぐ山伏

# 関ヶ原のころからつづく、羽黒山麓の大聖坊十三代目

山伏は、山に入る。

山には、入り方がある。

山中をめぐって祈りをあげたり、水があればそこで禊《みそぎ》をしたり、滝に打たれたり。

夜は夜で勤行《ごんぎょう》、祈ったり。

そういうふうにして修行することを、大事にする。

出羽三山《でわさんざん》の羽黒《はぐろ》山伏は、昔から修行しつつ宿坊《しゅくぼう》をいとなむ半聖半俗《はんせいはんぞく》のスタイルだ。

かつては山に籠《こ》もりっぱなしで里に下りてこない山伏もいた。われわれのように、山麓《さんろく》にいる山伏は、妻帯《さいたい》山伏。女房をもっている。

私がいる手向《とうげ》地区（山形県鶴岡市）には、いま四〇〇軒ぐらいある。そのなかで、宿坊を

やっている山伏の家は三〇軒くらいになってしまった。

江戸時代の最盛期には、山伏の家が三四〇軒あった。

うちの宿坊「大聖坊《だいしょうぼう》」は、一六〇〇年代に、初代が新潟から入ってきて、俺で一三代目。

山伏名は尚文《しょうぶん》という。

# お山参りの伝統を守りたい

宿坊はお山参りの人たちが泊まるところだ。集団でお参りする人たちは、講《こう》という組織をつくった。それはいまでもつづいている。

江戸時代、東北や関東の人たちがお参りする山は、出羽三山だった。富士山をお参りする富士講《ふじこう》とかもあったけど、明治以降、衰退してしまった。出羽三山は神社の組織がしっかりしていて、私も出羽三山神社の責任役員理事であり、お山参りの伝統をみんなで守っている。

ただ、いまはなかなかむずかしくなってきているね。

出羽三山参りも昔ほど盛んではなくなったし、だいたい子どもが少なくなっているから。私の年は七〇歳だけど、村に同級生が八〇人いたの。うちの孫はいま小学校三年生だけど六人だもの。

その六人もいま一〇歳ぐらいかな。もう八年過ぎたらいなくなるんだよ。東京へ行くとか、学校へ行くとか、就職するとかで。

だからもう一〇年前後でくる。そのヤバい時期が。

# 職業は宿坊、山伏は世襲の生き方

俺は大聖坊一三代目。七人きょうだいの六番目だ。最初は長男が継いでいたんだ、学校の先生をしながら。だけど長男には子どもがいなかったものだから、俺が大学を卒業したら帰って継ごうか、ということになった。

それで継いだわけ。結果として、俺がいちばん山伏向きだったたね。

一三代といえば徳川のころからだ。まわりには、二十何代なんていうのもいる。

「だけど、初代はみんなよそ者だよ」というんだけれどね（笑）。

うちは星野姓だろう、星野姓は新潟が多いんだ。十日町《とおかまち》近辺とか長岡《ながおか》とか。うちは十日町みたいだね。

俺の次は息子が一四代。現在山伏で、俺と一緒にやってる。
小三の孫娘が一五代か。このへんはどうなるのかわからないけどね。
でも、けっこう魂が強い孫だから、やるんじゃないかなと期待している。

## この世・あの世・先の世を お世話してもらえる 出羽三山

出羽三山は、羽黒山《はぐろさん》・月山《がっさん》・湯殿山《ゆどのさん》の三つの山だ。

それぞれのお山はこの世・あの世・先の世をあらわしている。

羽黒山は本地仏《ほんじぶつ》が聖観音《しょうかんのん》。観音は現世利益《げんぜりやく》を叶《かな》えてくれる。

月山は阿弥陀《あみだ》さんだから成仏《じょうぶつ》したあと、死んだあとに世話してくれる。

湯殿山は大日如来《だいにちにょらい》だから、先の世でお世話をしてくれる。

この三つを歩けば、生きながらにしてこの世と、あの世と、生まれ変わる先の世と、ぜんぶお世話をしてもらえるありがたい山なんだ。

これが東日本に広がる出羽三山信仰だ。

出羽三山は、三大修験《しゅげん》（羽黒修験、近畿の熊野修験、九州の英彦《ひこ》修験）の一つといわれる。

五九三年（推古《すいこ》天皇元年）、崇峻《すしゅん》天皇の息子の蜂子皇子《はちこのおうじ》が羽黒山を開いた。修験道の開祖といわれる役行者《えんのぎょうじゃ》は七、八世紀というから、それよりも早い。それ以来、羽黒修験では厳しい修行が受け継がれている。

## 秋の峰、冬の峰、修行は修験道の命

羽黒にくる人は、みんな空気がちがうという。

われわれ羽黒山伏は、宿坊をやりながら修行をしている。また、お山に参拝にきた人たちを先達《せんだつ》する。先達というのは修行の指導者のことでもある。

出羽三山ではいまでも「秋の峰（峰入《みねい》り）」と「冬の峰」の修行をやっている。これが出羽三山の命。修験道がなかったら、そのへんの神社と同じだよ。

峰入りというのは、山に入って修行をすることだ。

昔は、春の峰、夏の峰、秋の峰、冬の峰と、四季の峰入りがあった。

いまは、秋の峰と冬の峰の修行だけが残ってる。

冬の峰は、山伏の最後で最高の修行なんだ。地元の山伏から毎年二人を選んでおこなう。

冬の峰をおこなう最高位の山伏を、松聖《まつひじり》と呼ぶ。俺もこれをやったよ。一〇〇日間、九月二四日から大晦日《おおみそか》まで、五〇日は自宅に、あとの五〇日は羽黒山の斎館《さいかん》(旧華蔵院《けぞういん》)に籠《こ》もって天下泰平、五穀豊穣《ごこくほうじょう》を祈りつづける。

冬の峰の満願行事である松例祭《しょうれいさい》は、地元の氏子《うじこ》たちでおこなう年の瀬の一大イベントだ。その松聖が、俺をふくめていま、うちの村に四〇人もいる。

四〇〇軒の村に一〇〇日修行した人が、四〇人もいる山伏の里なんだよ。村の人は、みんな当たり前のようにしているけど、これは俺、世界一だと思ってるよ。

秋の峰は山伏になるための修行だ。一週間おこなう。

出羽三山神社と荒澤寺《こうたくじ》の両方でやっている。

お寺さんのほうは、秋の峰に女性も入れる。戦後から入れはじめたようだ。

神社のほうの秋の峰は、女の人を入れない。女の人には別建てで「神子《みこ》修行」といって、四日間の修行をやっている。実質、女山伏入門といってもいいわけだ。

神社とお寺の秋の峰、あるいは神社の神子修行に入れば、山伏名をいただける。

## 役所にいたときから山伏修行をとりいれた

俺は前、羽黒町の役所にいたんだ。

大学時代は、七〇年代だったから全共闘運動。

俺もヘルメットにゲバ棒だった。

そんなふうにしてやってきたものだから、役所に入っても行動的だった。

企画部門とか観光部門とかいう、どちらかといったら遊びの仕事ばかりしていたんだけど、
町民目線でものをやろうとすると、なかなかむずかしいところがあるんだね。

企画部門にいたとき、当時の町長から「星野、これはお前しかできないから、やれ」といわれて建てたのが「いでは文化記念館」。いわゆる出羽三山信仰のミュージアムだ。

ここでみんなに修行の話をしていたんだけど、なかなかわかってもらえない。

それならやっちゃったほうがいいなと思った。四五歳のときだった。

ただ、役所だから、すんなりとはいかない。修行となると白装束《しろしょうぞく》も必要だし、祈りもあるからね。

でも、そこは理屈《りくつ》でうまくクリアした。

山伏修行というのは自然と人間の共生だ。自然と人間はいかに共生していかなきゃいけないかという、それの一つの見本、モデル的に修行をやるんだ云々《うんぬん》。

いでは文化記念館では祈りはしない。

だけど、禊《みそぎ》をしたり滝に入ったりするときは、そこではやっぱりなにか唱えさせた。声を出させた。黙《だま》っていたら水遊びになるからね。

それを五年くらいやったのかな。

いまではわれわれの後継者である村の若い山伏たちが引き継いでやっているから、二〇年になるなあ。

それで役所を定年になって、宿坊を専業としてやってきた。

この間、各地に呼ばれて行ったりすると、いろいろ聞かれるわけだ、修行ってどのくらいやるのか、とか。

そんなに知りたいなら、またやっちゃってもいいなと思って、三日間の修行をつくったんだよ。

大聖坊でその修行をはじめて、もう一〇年以上になる。

# 宝冠、脚絆、白装束、山伏は死に装束で山に入る

うちの修行には、お江戸や関西のほうからも若い人たちがくる。やっぱり、山伏の白装束《しろしょうぞく》を着て山を歩くというのは絵になるんだよ。山ガールみたいな格好でくるよりも、脚絆《きゃはん》を巻いて白装束、これは絵になる。

山伏の白装束は死に装束だ。

山に入って修行することで、いったん死んで生まれ変わるということだから。頭に着けるのは宝冠《ほうかん》だね。これは長いさらしを独特の形に巻いたもので、結んでいるわけじゃない。端を引っ張ると、スルスルッとほどけるようになっている。

「五智《ごち》の宝冠」といって、これを着けることで大日如来の化身《けしん》だということ。大日如来は修験道の御本尊だから。

頭に黒い頭巾《ずきん》みたいなものを着けている山伏もいるけど、あれは頭襟《ときん》といって宝冠とおなじ意味。

首には注連《しめ》をかける。注連《しめ》縄《なわ》の注連だね。紙で編んだものだが、山中で自分を守ってくれる結界《けっかい》だ。

手には金剛杖《こんごうづえ》。死者になった山伏の塔婆《とうば》だね。

俺は白装束姿の若い人たちをいっぱい増やしたいと思っている。

これがいちばん月山に合うよ。

出羽三山はそういう山だから。

# 「うけたもう」すべてを受け入れる羽黒修験の言葉

修行の場では一切しゃべらない。
俺のやり方は「自然から学びなさい」だから。
修験道というのは人から聞くものじゃない。ぜんぶ自然から学びなさいと。
だから山の宗教なんだ。
修験道はどこも根底は同じだよ。
羽黒修験でよそにないのは、これ。
「うけたもう」
羽黒修験だけにある言葉だ。
すべてを受け入れる。

そこには信頼ということがあるんだろうね。
われわれは何をいわれても、まずは「うけたもう」なんだよ。
修験道の象徴的な言葉なんだ。

## 山に行くと自然と人が見えてくる

修行というのは厳しいほうが効果が出ると踏んでいるから、俺はものすごく厳しくやる。修行中は一言もしゃべらないし、俺も説明もしない。言葉がない行《ぎょう》というのは、いろんな気づきにつながる。ふだん、みんないかに言葉で解決しているか。言葉なしでやらなきゃいけないから、これは最高の場だ。それに、山に行くと人が見えるんだよ。山に行くと、自然ものすごく見えるし、人も見えてくる。人間、見た目じゃないんだね、山にいっしょに入ると。

ふだん里にいれば見た目のよさに目がいくだろうけど、山にいて、一日七時間、八時間いっしょに歩いてると、やっぱりその人その人が見えてくる。
山に行くと、人にも注意が深くいくんだよ。
そうやって、知らない同士、どんどんつながっていく。
山は婚活に最高だね（笑）。
大聖坊に、いままで出入りしてきた若い男女の山伏たちがたくさんいる。
そのなかで結婚までいった若者たちが四、五組いるよ。
やっぱり人が見えるってことなんだろうね。
非常によろこばしいことだな、と俺は見ている。

# ゆるやかで
# あいまいなところが
# 日本文化のよさ

修験道の御本尊は、蔵王権現《ざおうごんげん》だったりお不動《ふどう》（不動明王《みょうおう》）さんだったり飯縄大権現《いづなだいごんげん》だったり、その土地の修験ごとにちがうけれど、いちばんオーソドックスなのは大日如来、蔵王権現、お不動さんだ。

羽黒山にある爺杉《じじすぎ》、樹齢一〇〇〇年の杉の木にもお祈りをするよ。そういう意味では、一つに固執《こしつ》しないのがいいね、日本の文化は。あいまい性、ゆるやか性、このへんがいいんじゃない。いい、悪いがはっきりしないほうがいい。

修験道なんかその最たるものだよ。神様でも仏様でも密教でもアニミズムでも、何でも入れちゃうんだもの。

こんなあいまいなものはない。

だから、近世までの日本人には、いちばん合っていたんじゃない？

般若心経《はんにゃしんぎょう》も読めば、祝詞《のりと》もやる。

俺はいまでもそれをやっているわけだ。

俺は出羽三山神社の責任役員理事だ。本来であれば神様のほうの人間だけど、神社でも堂々と般若心経を祈るからね。

日本は本来そうだったんだから、やっちゃえばいいんだよ。

うちの宿坊にくる連中はみんな「神仏習合なんだね、この山は」と思うでしょう。それを聞いている人たちも、ここの山は仏もいっしょなんだと感じるからね。

# 山に祈りを入れて全国をみんなで歩く

いい山でも、祈りが入っていないとだめなんだ。

山伏が入っても勢いが感じられない。

あの山に勢いを入れたいと、俺はあちこちの山で修行をしている。

山の修行をとりもどしたい、という若い人たちの希望もあって、それがミックスされて、混ざってできるわけ。

俺一人ではできないし、その人たちだけでもできない。

東京でいえば、高尾《たかお》でもやっている。八王子城址《はちおうじじょうし》から高尾までの道、あそこはいいね。高尾山に行くと銀座通りみたいだけど。

長野は小菅《こすげ》、万仏《まんぶつ》。ここも行場《ぎょうば》としてはいい。

そのほか、淡路《あわじ》、茨城の御岩《おいわ》、栃木の那須《なす》にはもう修行で入っている。今後予定にあるのは宮島《みやじま》（厳島《いつくしま》）の弥山《みせん》、秩父《ちちぶ》の三峰《みつみね》、あと投入堂《なげいれ》の鳥取の三徳山《みとくさん》。

新潟の連中から妙高《みょうこう》でもやってほしいといわれてるけれど、日程を取るのが大変なんだ。

冬になるとむずかしいからね。

そんなことやっているから、俺も大変だよ。

いくらなんでも歳はいってくるし。

まだ六〇歳なら大丈夫だろうけれど、七〇を超えたからね。

# 山伏はつなぎ役。自然と人をつなぐ、人と人をつなぐ

昔から、人間は亡くなると、肉体は土に還《かえ》って、魂だけが残って、魂は神様になるんだ。

生身の人間が神様になるなんてありえない。

先達というのは、神様じゃない。つなぎ役だ。

神・仏と人をつなぐ、自然とのつなぎ役。

それを勘違いしている人もいるけれどね、山の人で。つなぎ役だよ。

俺は、昔の山伏の発想じゃなくて、もっとゆるやかなつながり方をつくろうとしている。

神や仏と人をつなぐ。

自然と人をつなぐ。

食と人をつなぐ。

人と人をつなぐ。

地域と人をつなぐ。

そういうつなぎ役が山伏なんじゃないかと。

そういうゆるやかなつながりを全国に広めようとしているんだ。

この前に対談した哲学者の内山節《うちやまたかし》さんもおなじようなことを話してたよ。

これまでとはちがうつながり方を、みんな探してるんじゃないかな。

フェイスブックで俺も日々、発信しているよ。

うちに出入りしている若い山伏がいっぱいいるけれど、師匠《ししょう》と弟子《でし》という感覚は絶対とらないようにしている。

同じ山伏仲間。

師匠と弟子といったら弟子は師匠を超えられない。ところが弟子のほうがいいのがいっぱいいるよ、どこの世界でも（笑）。

師匠と弟子というのではないんじゃないかな。

ぜんぶ、山伏仲間。

若い子たちにも優秀な山伏はいっぱいいるし、そういう子は刺激になるし。

やっぱり、みんな自分のフィールドを持っているから。うちにくる子たちは、みんな自分のフィールドを持ってやっているよ。

山伏というのも、ただ修行にきたときだけが山伏じゃないだろう。自分の生き方のなかに、世俗《せぞく》のなかで生きていくうえでも、「じゃあ、山伏としてお前が生きているところは何なんだ」というところをはっきりさせたほうがいいよといっている。

# 三

# 感じる力を呼び覚ます修行

# 修行は昔の人のような魂にするため

なぜ修行をするのか？

簡単にいうと、昔の人のような魂《たましい》にするためだ。

昔の人たちは魂が強いんだよ。だから昔の人の魂の段階に、自分の魂を持っていけばいいわけだ。

魂を強くして、その感じたことが答えだから。

人は、自分が感じたことをとやかくいわれる筋合いはないからね。

いまは「考える」だからいわれちゃうわけだ、「そんな考えはおかしい」と。

でも、「感じる」ことに対しては、「俺が感じたんだからよけいなお世話だよ」となる。そうなればいったほうも納得するわけだろう。

魂を強くすれば、現代人でも感じる力が強くなるものだ。

昔の人がそこに神様がいると感じたところでは、現代人もなにかを感じるんだ。

それが、いまでいうパワースポットなんだね。

「あそこがパワースポットだ」と聞いて、そこに行く。

行ったけれど感じなかった、ということもある。

それはそうだよ。昔の人だってみんながみんな、行く場所行く場所で神様を感じたわけじゃない。

あなたはまた別のところへ行けば感じるかもしれないのだ。

# 戦国武将は魂の強いものが勝ち抜いた

いま神社が建っている場所。

昔の人が「ここには神様がいるな」と感じたところだ。

いちばんそこにかかわっている人が、そう感じた場所だったんだろうな。

去年から今年にかけて、新潟・長野のあたりを歩いていた。新潟、長野は上杉や武田の地だ。みんな崖《がけ》に神社を建てている。

こんな険しい崖に祠《ほこら》を建てて、そこで戦勝祈願をしている。

そこでもう気持ちが勝っているんだよ。だから、三〇〇の兵が三〇〇〇の兵に勝ったなんていうことがいっぱいある。

戦国時代の武将は、魂の強い人が戦《いくさ》に勝っていたんだね。

歴史の事実がどうのこうのというよりも、昔の人はどれだけ魂が強かったか、そこのところがわかったほうがおもしろいんじゃないかな。

そういうことをいう人はいないもの。ただ事実だけで。

みんな、答えを出すこと、正解を出すことに慣れすぎているんだよ。

答えは一つじゃないんだ。

十人十色の感じ方、それが答えだよ。

## 修行は無言。歩くのも修行、食事も修行

修行に入ったらふだんの俺じゃない。先達《せんだつ》だ。

修行者を導くのがお役目だから、きちっとしている。怒るときは怒る。

修行中は何もしゃべらない。

例外といったらそうだなあ。

月山《がっさん》の山駈《やまが》けのときなんか、だいたい俺が先頭を歩いているんだけど、気配でみんなが疲れているのがわかるんだよ。

そうすると「小休止！」といって休憩をとるんだよ。

そのときは、俺も声をかけたりするけれどね、ボソボソッと。

山駈けは修行だから、登山とはちがう。好きなときに休んだり水を飲んだりはできないか

ら、けっこう疲れるようだね。俺はもう少し速く歩きたいくらいだけど。

食事も「壇張《だんばり》」という行《ぎょう》だから無言。

一汁一菜。ご飯と味噌汁とお新香。とにかく食べるのが早い。

いわゆる餓鬼《がき》行だ。腹をすかせた餓鬼というものを体現するわけだから、ガツガツとかきこむ。

ふだん、そんなことはありえないよね。

女性なんか、これがいちばんつらかったっていう人もいるよ。

うちに修行にくる女性は、四〇前後が多いかな。

三〇半ばから五〇前。世の中もそれなりに、男もそれなりに知って、という人がいちばんきている。

だから話をしても俺と会話ができる人たちが多いね。

# 地獄界、餓鬼界、畜生界……、一〇の世界を体現する

修行は、いわゆる十界行《じっかい》。秋の峰でやっているものだ。地獄界《じごく》、餓鬼界《がき》、畜生界《ちくしょう》、修羅界《しゅら》、人間界、天上界、声聞界《しょうもん》、縁覚界《えんがく》、菩薩界《ぼさつ》、仏界《ぶっ》。この一〇の世界の修行を修験道ではおこなう。ほかの山でも同じだ。大峯山《おおみねさん》（奈良）の地獄界の行は「西の覗き《のぞ》」だ。崖から吊るされるやつだね。羽黒では「南蛮燻し《なんばんいぶ》」。これは、羽黒修験だけのやり方だ。お堂のなかで唐辛子《とうがらし》とかドクダミとか、米ぬかとかを炭火にくべる。煙のいぶし責めだ。いちばんきついのは唐辛子だね。唐辛子で鼻の粘膜《ねんまく》をやられると、ぜん息で苦しく咳《せ》きこんでいるような状態になる。あと、米ぬかは目にくるよ。ものすごいにおいで息もできない。のどはヒリヒリする。鼻水は垂れてくるし、涙も出て

くる。そのなかで勤行《ごんぎょう》するという修行だ。

まさに地獄の苦しみだよ。

終わった瞬間、はあはあいいながら全員が外にとび出す。空気のありがたさを感じるんだね。

畜生界の行、畜生は動物だ。動物は顔も洗わないし、歯も磨《みが》かない。体も洗わない。

修行中はそういう水断《みずだ》ちの行をする。生きものの気持ちになりなさい、ということだね。

女性も同じだよ。

秋の峰は一週間かけて十界行をおこなう。けっこうゆるいんだよ、休み時間が多くて。中日は一日何もなかったり。

それを大聖坊の修行では、三日間に短縮してやっている。

だから休みがない、休憩時間がない。入ってから終わるまで分刻みでやるから。

脱落者は、まあ、ないね。

集団でやる修行のよさだよ。みんながやっているのに、自分だけやめるわけにはいかないから。それが頑張らせるんだね。

## 「うけたもう」といって身を置くと、気づきがちがう

修行を終えると、みんな何かが変わる。

変わってくるのは、最終的にはぜんぶ終わってからだね。

ただ、二日目に月山、湯殿山《ゆどのさん》へ山駈けして滝行をやるあたりから、だんだん体がちがってくる。

夜は二日間、夜間抖擻《とそう》といって歩かせる。とくに、二日目に天気がよければ満天の星を見せるんだけど、そのときって、いちばん修験道の宇宙観を感じるときなんだよ。

星も自分も、同じものであると。

先達が、修行してる人たちをどういう場に置くか、それ次第だね。

魂が感じられるような場所に連れていったり、置いたりするのが先達なんだ。

それは考えてやるものではない。俺は考えていないから。

頭を使ったらだめなんだよ、感じるまま。

夜間抖擻に行くときも、夜、家を出るとき、さて道路を右に行くか左に行くか。

門の内側ではみんな整列しているわけだ。そのときのみんなの顔つきを見る。

「いまから夜間抖擻へ行く！」と法螺《ほら》貝をブォーッと吹く。

そうすると、お立ち役の女の子が「お立ちぃ！」という。

それをみんなが「うけたもう！」と応えて、出発するわけだ。

そのときの「うけたもう！」という声が決まりだな。それでこっちに行くかと。だから頭は全然使わない。

右に行けば、「ああ、こっちへ来たか。じゃああそこへ行くか。どこに寄るか」となる。

左へ来たら、「じゃあ、あそこのお宮へ行こうか」とか。

この前の夜間抖擻は、月山が見える空き地までずっと歩いていったんだ。明日山駈けする月山を遥拝《ようはい》して、般若心経を唱えた。

ちょうど唱え終わったときに、東の山の上に満月がのぼったんだよ。

あと一分早くても遅くてもダメ、というタイミング。

こんなの計算ずくではできないよね。

皓々《こうこう》とした月明かりのもと、月山に祈る。まさしく月の山だった。

ふだん、マニュアルとかスケジュールに基づいてやることに慣れすぎている人が多いけど、そんなもの、ないほうがおもしろいというのがわかるんだよ。

予定も何もなし。みんなどこに行くのか知らない。

ただ「うけたもう」という答えでいいの。

般若心経をうけたもう。何をいわれても「うけたもう」と。

俺は徹底してそれをやっている。

そうしてやっていると、気づきがちがうし、腑《ふ》に落ちるんだよ。

## 言葉からではなく、自然から感じる

長野の小菅《こすげ》で修行をやったとき、東京から女性が参加した。

もともと参加は東京の人が多いんだけど、そのときの女の人が、いい気づきをした。

初日の夜間抖擻で、みんなを山際から峠《とうげ》を歩かせて、最後に下りて、一の鳥居《とりい》のところから歩かせたんだ。

だけど、歩くのも大変な道だったんだよ。雨も降ってきてカッパも着た。

一の鳥居から集落までずっと登りの勾配《こうばい》がつづく。舗装道路を行くんだけれど、俺もいいかげんうんざりしてきて、正直、このコースをとらなければよかったと思ってた（笑）。

そのときは、俺も何もしゃべらなかった。

直会《なおらい》といって最後の打ち上げのときに、一人ひとり感想をいわせた。その女の人の言葉。

「きのうの夜、一の鳥居から道路を歩いていたときは死ぬかと思った。だけど脇を流れていた堰《せき》の水の音が力になった」

そこなんだよ、俺のやりたいことは。

要するに、自然から学びなさいということ。

いいかげん歩くのが嫌になったときに、人から頑張れといわれたって、「うるさいな、わかってるよ」と思うだろう。いかに人の言葉というのは必要ないか。

でも自然の音から、ものすごく助けられた。力をもらえた。

山や川や海、人間も本来は自然だからだね、じつはうまく混ざる。同じものだからだ。

そこを気づかせることなんだよ。

とくにこの都市社会にいる人間でいえば、誰もが人とかかわるだろう。その人とのかかわりが嫌で引きこもったりする。

そんなときに力になるのは、言葉ではないんだね。

自然のなかで学んだことなんだ。

そこなんだよ、俺がいう修験道とは。

大自然のなか、満天の星の下とか、堰の水音とか、鳥の声とか、風の音とか。

人の声はうるさいものだ。そこを気づかせるだけでいいんだよ、修行は。

だから「お前はすばらしいところに気づいたな」といったよ、その人に。

水の音を聞いてよみがえる。

体のなかの水というのは、魂とかかわると思う。

水辺とか海辺とか川辺とか、そういうところへ行ったときに、ものすごく安らぐじゃない。

人間の体のほとんどは水だから。そこがつながるんじゃないかな。

水辺、海辺、川辺、みんな安らぐ。

結局、体のなかの水は魂だから、水辺に行くと波動が合うんだね。

そして、体のなかの自分の魂が元気になる。だから心地いいんだよ。

そう俺は感じてる。

## エベレストに登れるのは魂が強いから。体力じゃない

ＢＳの登山番組で、女優の馬渕英里何《まぶちえりか》さんと三浦雄一郎《みうらゆういちろう》さんの息子の豪太《ごうた》君が出羽三山にきて、そのとき俺が案内役になったことがある。

登山番組だけど羽黒山伏の精神性をしゃべればいいなと思って。

けっこういい番組になっていた。

三浦豪太君にいったんだ。

「親父の雄一郎さんはものすごく魂が強い人だよ」って。

八〇歳でエベレストに登れたのは、魂が強くなきゃできないよ。体力だけじゃない。

山から力をもらえるだけの魂を持っているということだ。

それを感じられる魂を持っているということだ。

あんな高い山、体を鍛えたからといって登れるものじゃない。
魂というのは、感じられるかどうかなんだよ。
感じられたら強いんだ。
ちょっとした水の音も力になって歩けました、みたいな。
人の言葉じゃない。

## 合図は法螺貝。修行中は時刻も予定もわからない

修行中は法螺貝が合図だ。すべての行動の合図。

時計は見ないで、法螺貝の音で動く。

朝、だいたい四時に法螺貝を吹く。

夜は一一時前までには休ませる。

だけど、意外とみんな目が冴《さ》えているんだよ、修行していると。

興奮しているから寝つけない。

覚醒《かくせい》するんだろうね。俺なんか三秒でどこででも寝ちゃうけど。

そんなに寝なくても歩ける、というのに気づくよ。

「寝なきゃだめだと思っていたけれど、二、三時間しか寝ていないのにやれた」となるん

だね。

いまから月山へ行くとか、夜間抖擻へ行くとか、そういう合図も法螺貝の音でやる。

一つ修行が終わると、先達が口上《こうじょう》を述べる。

「羽黒山抖擻、大儀《たいぎ》であった。次の法螺貝が鳴るまで休んでさっしゃれ」

「うけたもう!」

「次の法螺貝が鳴ったら床堅《とこがため》を斎行《さいこう》する」

「うけたもう!」

ところが何かわからないわけだ、床堅なんていうのも。

修行の説明は一切しないからね。

いまは何でも事前に調べて臨《のぞ》んでしまう。それじゃあだめなんだ。

予定なんてないほうがいい。

「うけたもう」といってついていくと、そこに気づきがある。

# 頑張る、受ける、混ざる

俺も、前は、滝行というのは頑張ることだと思っていたんだよ。
滝に負けないよう、いきがってワーッとやっていた。
五、六年前からかな、「これはちがうな。これは頑張るんじゃなくて、受けるんだな」と。
滝を受ける。
頑張って肩肘《かたひじ》はるんじゃなくて、落としていく。
そうしたら、気持ちがスーッと平らになっていくんだよ。
「あっ、俺、滝と混ざっている」という感覚。
もう、頑張るは必要ないんだ。
「頑張る、受ける、混ざる」

この過程じゃないかな。滝行のみならず、すべてが。

俺は滝を通してそれを感じたの。

その前までは、滝行をやると滝からエネルギーを「もらった」という感覚でいた。けれど、これはもらうんじゃなくて、滝のエネルギーと「混ざる」んだなと、それに気づいたんだよ。

それで「頑張る、受ける、混ざる」というのが一つの言葉になった。

そうすると、それは何にでもいえるなと思った。

「頑張る」といっているうちは本物じゃないんだね。

頑張っているうちは本物じゃない。

それが「受ける」になって、「混ざる」になると、何でもうまくいく。

自《おの》ずと然《しか》りということ。

滝も自然じゃないか、人間も自然だったんだね、滝と同じものだったんだと、感じた。

だから混ざるんだよ。

だけど、頑張るは必須。頑張るを超えたあとで混ざる。頑張らないやつは混ざるまでいかない。

# 手助けや励ましはうるさいだけ

山も「混ざる」なんだよ。

誰だって山を歩けば、歩きはじめはつらい。二〇分くらいは。

歩きはじめて二〇分くらい過ぎたころから、楽になるんだね。

山と馴染《なじ》んだという言い方もあるけれど、
あれは、山のエネルギーと自分のエネルギーが混ざったからだよ、あの感覚は。

山駈けのとき、最初の二〇分は誰だってつらいんだと教えておく。

「お前だけじゃないんだよ。誰もがつらいんだよ。だんだん山とうまく混ざっていくから、
それまで待てばいいんだよ」と。

そうだましていくしかない。現実に楽になっていくんだから。

しばらくして、もう休ませてもいいなという気配を感じれば休ませる。山の駈け方として、遅くなる人がいるとそこに誰かがつくのがふつうだろう。だけど、俺はそれをやめさせるの。

遅くなる人は、みんなが小休止しているときに先に歩かせる。水音とか鳥の声ならいいけれど、人に脇にいられると嫌なんだよ。一人だと自分のペースで歩けるだろう。

だから遅れる人がいたときは、ほかの人たちを長く休ませる。遅れる人を、なるべく先にやったほうがいいから。

こういうやり方、これはやっぱり先達の力量だろうね。

必ずしも後ろに置くものじゃない。前にやったほうがいい。

また、けっこう先に行くものなんだよ、五分ちがったくらいでも。みんなで出発して、俺が先頭で行ってもなかなか見えないもの。

遅れる人はいう。「先達、申し訳ないです」と。

「いやいや、ちがうんだよ。お前をなるべく先に歩かせようと思うと、みんなを長く休ませることになるから、みんなも長く休めて楽なんだよ」

両方いいんだよ。

これまでの補助をつけるという概念を壊さなきゃだめ。

その手助けがうるさいんだから。励ましがうるさいんだから。

人からいわれたことなんか、嫌だろ。自分は頑張っているのに、「もう少し頑張って」なんて。「頑張ってるよ！」といいたくなる。

俺は、頑張れという言葉は極力出さないようにしている。

心理作戦だね。

日本人の精神性というものをわかってやらなきゃいけない。

物事はっきりさせないほうがいいし、あいまいでいいし、ゆるやかでいいし。

そういうことだよ。

# 新たな命として生まれ変わる出生

修行を終えた山伏は、最後に母の胎内《たいない》である山から下りてきて、
人間界に生まれ変わる。
これが出生《でなり》。再生の儀式だ。
「おぎゃあ！」と叫んで産声《うぶごえ》をあげながら、
火の上を飛び越える。
羽黒山から下りて、最後の上り坂が参道、つまり産道だ。
飛び越える火は産湯《うぶゆ》を意味している。
産みの苦しみを経て、再び生まれ変わり、
産湯をつかっている、ということだね。

## 気になるのは魂のせい。だから気になることをどんどんする

よく取材にくるメディアの連中から聞かれる。

「星野さん、みんなはなんで修行にくるんでしょうかね」

俺はそういうとき、「それは気になるからだよ」という。

「星野さん、それじゃあ記事にならないんで」と、何やかやと理由をつけたがる。

だけど、気になったからきているんだと思うよ。

重要なんだよ、気になるということが。

気になるって、頭がさせるわけじゃない。

気になるのは、魂がさせるわけだから。

だから、気になることをどんどんやれば、魂を鍛えることになると、俺はいっているんだ。

頭で気になることとか、人からいわれて気になることじゃないよ、それ以外で気になること。その気になることをどんどんやればいいんだ。

そうしたら、魂がよろこぶ。

ところが気になることがあっても、それを止めるのは頭。

何やかやとやらない、やれない理由が出てくるんだ。

それは頭がそうさせているんだ。

そこでやめずに、気になることをどんどんやるんだよ。

# 四

# 野性の女と度量の男

# 女性が集まるのは山伏に野性を感じるから

俺がお江戸にきてトークをしたり講演したりすると、八割から九割が女性だよ。誰も女集まれといっていないのに。女性は本来、野性が強いから、山伏という響き、それになにかを感じたんだね。山伏が持つ野性、そこじゃないかな。

女の人が本来持っている野性が、なにかを感じたのでなかったら、あんなに女性ばかり集まらない。本当に女性ばかりだから、毎回、どこに行っても。

企画するのもほとんど女性なんだ。

男を連れてこようとしても、行きたがらないという。

# 母なる山、母体の海、野性は魂

野性的というのは、べつに荒々しいということではない。

魂が強いということだ。

野性というのは魂だからね。俺はそれに気づいた。

山と海が母なる存在だということも、自分の体でもって気づいたことだ。

山伏は死に装束《しょうぞく》で山に入って、修行が終わると山から出てくる。

山に入って修行して出てくるのは、修験道では、胎内《たいない》に入って新たに生まれ変わるということ、命の再生なんだよ。

それは、知識としては、みんな知っていることだ。

けれど、俺はまさしくそれを体で実感する。修行が終わるとむしょうに海に入りたくなるんだ。

修行が終わると海に行き、バーッと服を脱いで入る。

誰もいない岩場ですっぽんぽんで入るんだけど、海水に漂ってると、ああ、これはお母ちゃんのおなかのなかだと。

新たな命となって、幸せ感につつまれる。

男の野性が育つのはやっぱり女だね。

幸せ感がいいんだよ。

幸せ感がないと、魂が生き生きしてこない。

# 女の人は修行でいきいき美しくなる

大聖坊で修行を何年かやっているうちに、ふと気になった。

修行が終わると、女の人はいきいきと、美しくなって帰っていく。

修行をしたことのない人からすると、修行は大変だろうと思うだろう。たしかに、修行し
ているときは、それなりに大変だと思う。

だけど、終わって帰るとき、女性たちはいきいきと美しく帰る。

みんな、一人のこらず。

それで、このいきいき感って何だろうと思ったの。

なぜ、いきいきと帰るのか。

ははぁ、と気づいたんだよ。

山伏修行は、雨が降ろうが風が吹こうが、山を駈けずり回ったり、滝に打たれたり、裸足《はだし》で川を歩いたり、やっていることは、野性そのものなんだよ。

山伏修行は野性そのものだ、と逆に俺が気づかされた。

そして、女の人は本来、野性が強いんじゃないかと感じた。そこで考えてみたよ。

旧暦の時代は太陰太陽暦《たいいんたいようれき》だった。

月のめぐりの太陰暦で日にちを数え、太陽のめぐりの太陽暦で季節の変化を加える。

旧暦時代は一年のサイクルと季節感がぴったり合っていたんだろう。

それに、近世までは、女の人たちの野性が保たれていたと思うね。

女性の体は月とつながってるから。

女の人の野性が強いのは、やっぱり月のものの関係でしょう。

ところが、明治五（一八七二）年に太陽暦になった。それで月との関係が切れちゃった。

それから一四〇年以上たってる。

いま女の人たちに、魂強いんだねっていうと、「ウソー！」っていわれる。

野性が強いなんて感覚は、ほとんどわからなくなっている。

近世まではしっかり保たれてたんだよ。

近代化した明治から、暮らしも習慣も変わってきた。

近世、江戸では、女の人はみんな腰巻だ。

いまのような生理用品もない時代、女性は経血をコントロールすることができたそうだ。

そうした力は、いまはなくなってしまったんだね。

本来の女性の持つ野性とか魂とかは、途絶えてしまったんだ。

もったいない。

昔、腰巻だったころ。そのころは旧暦で、季節感、慣習、すべてうまくいっていた。野性も保たれていた。

それがみんな壊れちゃった。

ところが、たとえ三日間でも、山に入って自然のなかで修行していると、薄れていた野性が呼び起こされ、体が勝手に目覚めてくる。

それがあのいきいき感だ。魂だ。

あれが女性本来の美しさだよ。

女の人が、化粧っ気なしで、いきいきして、中からあふれ出てくる美しさ。

それに気づいたんだよ、俺。

# 女人禁制は野性の強い女に修行は必要なかったから

女人禁制《にょにんきんせい》についても気づいたよ。

「女の人は山に入っちゃいかん」「修行しちゃいかん」という掟《おきて》があった。

俺の気づきからいくと、女の人は修行に入る必要がないからなんだ。

野性も魂も強いから。

山に入ったり、修行したりする必要はなかったんだ。

民俗学では、月経があるから入っちゃいけない、という。

俺は、月経があるから入る必要はない、という。

真逆なんだよ。

研究者は修行していないけれど、俺は自分でやって気づいたことだもの。

感じて考えて出たものだもの。

いまはそこから進んで、女の人が野性、魂を忘れているなら、修行に入れて、それを気づかせなきゃいけないという気持ちでいる。

## 月のものは女の人の野性のエネルギー

俺から見ると、女性の月のものはエネルギーなんだよ。

前に修行にきた女の子が、電話で聞いてきた。

「先達、私、来月修行に行くころに月のものがくるんです。こんなときに行っていいですか」

以前だったら、それが終わってからのほうがいいかな、といっていたんだけど、野性のことに気づいてからは、いいよ、といったんだよ。

その子は、山駈けも滝行も、ぜんぶやり通した。

最後の日、その子が「先達、来てよかった」と。聞くと、

「最初の日はつらかったけど、二日目からエネルギーに変わった」

というんだよ。
そのあと、別の日に来た女の子も、こういってたんだ。
「私も修行中に月のものがきて、体のなかから熱くなった」と。
やっぱり、女の人たちの月のものというのはエネルギーなんだ、と思ったよ。

## 修行をしたがるのは男性より女性

そうしたことに気づいたころからかなあ、俺がお江戸に呼ばれるようになったのは。
話してくれ、先達してくれといわれるようになったのは、ここ四、五年だ。
そういうイベントを企画するのは、ほとんど女性。
俺なんか、女の人の野性のてのひらで転がされてるだけさ、ほんとうに。
女性は野性が強いから、男をこうして使うことだ。
本来はそういうものなんだよ。
「修行と女性」について話してと頼まれて、俺がしゃべる。
話を聞けばやりたくなるだろう。
女の人は本来野性が強いから、野性そのものの修行をやってみたくなるんだよ。

大聖坊の修行は、いま、三〇人を限度にしてやっているが、三〇人のうち二〇人近くが女性。へたすると男性が一桁《けた》なんてことも。うちはそんなに大きな宿坊じゃないから、寝るときは、女性はたいてい二階の小さめの部屋にしていたんだけど、いまは逆転だ。女の人が下の大きな部屋を使って、男連中は二階でこそこそしてる。そんな感じだよ。

# 男は山に入って魂を元気にさせる

魂とか、修行と女性とか、そういう話をしていたら、今度それを企画した女の子たちが、俺にテーマを持ってきた。

「先達、今度このテーマで話して」って。

そのテーマは「水と女性性」。

俺は感じ入ったね。

そうか、水と女性性か、おもしろい！

ふっと、体のなかの水、ととったんだ。

体のなかの水ととったときに、「人間の命というのは、おおかた水に支えられているんだな」と。

水の女性性。それは命。魂の話だ。

魂と魂のかかわりあいがあり、そのとき精子と卵子がくっついて命になる。

精子と卵子なんて、ほとんど水じゃないか。

いろんな成分があるんだろうけど、でも俺から見たら九割がた水だよ。

男の子も女の子も、お母ちゃんの水、羊水《ようすい》のなかに入って育つ。

おぎゃあと生まれたときは、破水《はすい》して水といっしょに生まれてくる。

だから、九割がた水だよ、赤ちゃんも。

生まれたときの赤ちゃん、あれは魂そのものだ。

赤ちゃんの動きや、いろんなこと。

あれは意識したものじゃない。

魂じゃないか。

男の子であれ、女の子であれ、生まれたとき、人は魂九割で生まれてくる、と俺は感じる。

そうして成長していくと、女性は突然、生理がきて、
体のなかの水が浄化されていく。

毎月毎月、つねに浄化されていくから、女の人は、生まれ持った魂の強さが持続していく。

対して、男性はなんの浄化もない、残念なことに。

男は浄化がないから、魂はどんどん減っていく。

ならば、男の人は何にたよる?

頭だ。魂にたよれなくなるから、頭にたよっちゃうんだな。

だから、男の人は山に入って修行をして、魂を元気にさせに行くんだよ。

俺なんか修行したら、もう魂パンパン。

山に入ると、魂がバーッと全開になっちゃうんだ。

男の人は、山に入って、修行で魂をものすごく活性化させるんだ。そのために行くんだよ。

そういうことなんだ。

自然のなかにただいるんじゃなくて、修行をして祈りを入れる。

そういう自然とのかかわり方してると、どんどん魂が活性化していくね。

## 女性の野性、融和性はリーダーに向いている

この前の東大の推薦入試の合格者は七十数人で、女性の割合が高いらしい。東大もわかってやってるのかな、女性の野性のこととか。わかってとっているなら、東大もすばらしい。

平安時代まで、女の人は第一線でやっていた。

ところが、武士の社会になって、それ以来ずっと男社会がつづいてる。

現代でも、女性の活用を声高《こわだか》にいってる。

でも、その「活用」っていうのは、男に都合のいい働き方を女にさせる、ということなんじゃないのかな。

そんなふうに、男社会に都合のいい女として活用されていたら、だんだん男みたいになっ

ていくよ。

だから、月のものがわずらわしくなる。だって仕事の邪魔《じゃま》になるからね。

男社会がそうさせるんだ。

男社会に都合のいい形で女の人が活用されたって、世の中はよくならない。

俺から見ると、女性の月のものはエネルギーだ。

そこに気づいちゃったんだな。

女の人たちは、野性も強いし、魂も強い。それと融和性も強い。

「あの人とは合わないんです」といっているのに、何の違和感もなく、ワーワーいっしょになって遊んでいる。

男なら、合わないやつとはとことん合わないよ。

それが女の人は、合わない人がいてもいっしょにいられる。うまくやっていける。

あれはすばらしいパワーだよ。まとまるパワー。

野性も強くて、融和性も強いというのは、リーダーの資格だ。

組織、国がまとまっていく力じゃないの。

合わない人とは合わないという男。これはリーダーの資格じゃないね。俺も男だけど。

女性がリーダーで、男が働き蜂。

それが理想の形かもしれない。

俺なんか、女の人のてのひらにのせられっぱなし。女性たちは、いいたいことを、私をとおしていいわせている。

リーダーなんだよ、女性は。

そのほうが、うまいことといくんじゃないかな。

# 男性性、女性性、組み合わせてうまくやる

五月の連休のときだった。

「龍神《りゅうじん》めぐりに行きたい」「滝めぐりをしたい」という女性がいた。

「いいよ、俺の車に八人乗れるから、七人くらいまでなら来てもいいよ」といったら、七人連れてきた。

出羽三山や鳥海山系《ちょうかいさん》にはいい滝がいっぱいあるから、そこをずっと歩いた。途中でお茶を飲んでいたら、ある女の人がいった。

「しかし、先達、女性性は野性だということは、じゃあ男性性は何ですか」

俺は、そんなこと何も考えていなかった。だけど、

「それは、女性の野性を受け入れる度量だろう」

という言葉がパッと出たんだよ。

そうしたら、その人はよろこんで、「先達、今度は東京でそれをやりましょう。男性性、女性性、パートナーで」

俺も、これはおもしろいなと思った。

それ以来だよ。

「女性性、男性性、そしてパートナー」というテーマでなにか話して、という依頼が、ものすごくきている。

いま、何をやったらいいのかわからない人がいる。

知識知識で、いままできたからなんだろう。

だからこそ、感じたことを考える時代じゃないのと、俺はいってる。

その感じるという部分は、女性のほうが強いから、女性が感じたことを、男性が考えてフォローすればいい。

だいたいどこの家庭でもそうなってるだろう。

お母ちゃんが実権を握っている。

その姿を地域とか国に当てはめていったらいいんだよ。

女性が感じたことは頑固《がんこ》に変えないで。

男は感じ方が弱くて、頭でっかちだから、男性は頭を使っていきましょう、と。

女が感じたことを、男が考えて進めていけばうまくいく。

いまの時代、これが必要だね。

女性の野性に対して、男性はそれを受け止める度量だとなると、昔の日本に戻るよ。

平安時代には活躍している女性がいっぱいいたし、奈良時代などは女性の天皇もいた。

男のほうはといえば、
近世までは、三二〇〇万人の人口に山伏が一八万人もいたという。

近世までは山伏たちが大勢修行して、感じる力のある男たちもいっぱいいた。

だから、江戸時代はうまくいっていた。

ところが明治のときに、神仏分離・修験道廃止令が出て、徹底的に欧米風、頭中心でいくことになった。

それで、ある程度近代国家は成立できたんだろうけど、
あとは、タタタタタと下るだけじゃないか。

だからこそ、いまは女性が感じたことを男性が考えて、フォローしていけばうまい方向が

見えるんじゃないか。
もう頭中心でいくところまでいったんだから、これ以上どうしようもない。
そのツケはこれからの子たちに回るんだよ、孫の代に。子どもは少ないし大変だよ。
山伏も、それに気づいた。山伏だから気づいたんだよ。

# 五

# 見えないものを見る祈り

# 見えないものの大切さに世の中が気づきはじめた

「祈りって何ですか？」

最近よく聞かれることだ。

「祈りの定義なんてないよ」

「祈りってどういう意味があるんですか？」

「一人ひとり祈り方はちがうんだし、意味づけなんかしないよ」

祈りとか、スピリチュアルとか、魂とか。そういうものは、学問をやってる人たちには、わけがわからないらしい。科学的でないからだめだと思われている。

頭で納得しないとだめなんだろう。

でも、それでいいのか？

そのことに、いま気づいた大学がある。東工大（東京工業大学）だ。東工大で、スピリチュアルや魂についての講義がはじまったそうだ。

東大出とか、慶応出とかの頭のいい先生たちが、どんどんこの分野に近づいてきているんだ。

俺が「感じることを考える」ということをいっていたら、先年の冬なんか、対談相手が東大出の先生ばかりだった。自分でもびっくりだね（笑）。

直感を大事にする、そういう時代になったんだと思う。

気づきはじめたんだよ。どこでもそうなんだ。

東工大に上田紀行《うえだのりゆき》さんという文化人類学の先生がいる。彼が東工大の学生だけでゼミをやっていたが、どうもちがうなってことで、慶応の看護医療の女子学生も入れてやったらしい。

ところが、二年間やって、ゼミが終わるたびに慶応の女の子たちから「東工大の学生って人間的じゃないんです」といわれたそうなんだ。

頭がいいから、なんでも定義づけしたがるんだろうね。

でも、愛や恋を定義づけしてどうするの？

見えるものと見えないもののとらえ方、そこが全然わかっていないんだよ。

それで東工大は、これはまずい、やっぱり魂とかスピリチュアルの授業ができる先生を呼ぼう、となったそうだ。そこから「感じる」ことに通じてくからね。

同志社大学の教授だった中野《なかの》民夫《たみお》さんもその一人。彼は博報堂にいたころ、私のところにも修行にきたことがあるんだ。

ただ、かなりむずかしいことだとは思うよ。

学校でそういう見えない世界のものを、言葉でわかるように教えるなんてことは。

だけど、あえてそれに挑戦しているんだ。すばらしいなと思う。

東京で対談したときに、中野民夫さんは「東工大で、星野先達の法螺《ほら》貝《がい》が聞こえるようになったら、おもしろいね」といっていたけどね。

私も、早くそういうときがくればいいと思ってる。

見えないものを、言葉でどこまで伝えられるかわからないけど、そういうことにいま、挑戦しはじめている。本当にすばらしいことだね。

# 理解する、わかる、腑に落ちる

身体論で自分の体を見たときに、いろいろ感じるものがある。
ふっと体に目を落とすと、体と頭は首でつながっている。
頭の部分を見ると、見る、聞く、嗅《か》ぐ、食べる、考える、だろう。
はっきりしたものしかわからないんだよ、頭というのは。
で、首から下を見ると、どうだ、水だらけじゃないか。魂だらけ。
肝心な心臓、丹田《たんでん》、命のもと。みんな魂につながっているんだ、首から下は。
首から上は、わかるものしか見えない。
わからないもの、見えないものは、首から下だよ。
これはあくまでも俺の気づきだ。

これには言葉があるんだ。
理解する。わかる。腑《ふ》に落ちる。
この三つだ。
理解する、というのは頭だけの理解だよ。
理解したってわからないよ。理解って言葉は、わからないの裏返し。
わかる、これは一歩進んでいる。なにか、体に近づいてる感じだ。
腑に落ちる、これは腹、丹田だ。
理解する、わかる、までは動きがともなわない。頭の世界だね。
でも、腑に落ちる、は動きがともなってくる。
この三つを、きちっと使い分けないと。
腑に落ちることは、どんどんやることだ。魂がさせているんだから。
腑に落ちたことは自分の決断の場所だ。
決断するときは、腑に落ちる、までいかないと。
理解する、わかる、でやったら、絶対失敗するよ。
腑に落ちる、は魂、直感なんだから。

# 決断は頭ではできない

会社の社長さんたちと、話す機会がある。社長さんたちは、自分の魂が強いなんて思っていない。

だけど、俺から見ると、社長こそ魂が強い。

だって、社長はつねに決断、決断、決断だろう。

「社長さんたちは、決断するとき、頭を使いますか?」と聞くんだ。

頭に決断なんかできないよ。

自分では気づいていないけど、魂でやっているんだ。

決断は頭ではできない。

決断は魂だ。直感なんだよ。

科学者たちも、それがわかってきている。

鶴岡の高校で同級生だった、寡黙《かもく》でなんとなく好きだった男がさ、東北大に入って、その
あと大阪大の科学者になった。

最近会ったとき「俺がいってること、たぶんわかんないと思うんだけど」と、俺の気づき
を話したら、「星野、俺いま、お前と同じだよ」といった。

「頭じゃない。直感だよ」と。「そこから入って、考えて研究にいくんだよ」

まず、「感じる」から入らなきゃだめなんだよ。

哲学者の内田樹《うちだたつる》さんと話していても、「直感は絶対に崩さない」といっている。

あとは頭でフォローしていく、みたいな言い方。

自分が直感したところは頑固に崩さない。それなんだ。

# 自分の魂は先を歩いている

いかに魂がすべてに影響しているか。

スピリチュアルや魂の話をすると、あっち側の人だといままでは笑われていた。

ちょっと問題もあったけどね、いままでのスピリチュアルには。

だけど山伏は、体を張ってやっている世界だ。

俺自身、魂というのはこういうものだなと思うことがあるけれど、みんなにもそれは絶対にある。

二時間遅れて行ったら、事故に遭《あ》わないですんだ。

遠まわりで行ったら、ふだん会いたいなと思っている人に会えた。

そういうこと、あるだろう?

たまたまとか、偶然とか、そういう言葉で片づけていることだ。

それは魂が先歩きしてるんだよ。

魂というのは自分ではわからない。

自分の魂は、いつも先を歩いてるからだ。

俺はそう感じている。

必ず、先を歩いてるんだよ。

魂の時空間は、どうなっているか？

一時間先、一日先、一年先、一〇年先、亡くなってからの先、山にのぼって神様になるまで、魂は先を動いてるんだろう。

だから、たまたまとか偶然が多くなってきたら、魂と自分が近づいてきているということだ。

一致したときは、自分自身の予言者になる。

だからといって、他人の魂までは読みきれない。

訓練することでそうなるのかどうか、わからない。

いま、世の中の予言者さんたちは、どういう意味で自分を予言者といっているのかわからないが、俺の気づきからいくと、そういうことじゃないのかな、という気がする。
たまたま、偶然、というのは、ものすごくうれしいことなんだ。

# 魂のまにまに感じたことを考えてやる

「偶然出会った」というのは頭で考えているからなんだよ。
魂では「必然」なの。
魂がお互いを呼びあって、出会っているんだ。
たまたまや偶然じゃないんだ。
そういうことに修行しながら気づいたんだよ。
最近、「魂のまにまに」という言葉をつかうんだ。
「まにまに」ってやまと言葉、そのまんまってことなんだよ。
魂のまんま、気になること。
それをやると魂が強くなる。

頭で止めないこと。
昔の人は魂のまにまに、感じたことをやったんだ。
感じたことをやりなさい。
感じたことをどうしてやるかは、考えてやりなさい。
魂のまにまにを大事にして。
そうするとうまくいく。

# 精霊の山、霊魂の山。修験道の山に祈りを入れて

魂には、精霊《せいれい》と霊魂《れいこん》、両方あると思う。

精霊というのは、人がかかわっていない聖域。

霊魂というのは、人がかかわっている聖域。

白神《しらかみ》山地みたいなブナ林の原生林とか、ブナ帯《たい》文化（*）のようなところ、ああいうところにいるのが精霊じゃないかな。

大昔から自然に生えている広葉樹林で、人の手がほとんど入っていない。山が深い森になっている。あそこには精霊がウヨウヨしている。

霊魂というのは人がかかわっているところ。

たとえば、三〇〇年前に植樹した樹林のような、そういう人の手がかかわったところにい

るのが霊魂。

修験道の山は霊魂。人の手が加わっているからね。

そんなふうな感じがしているんだけど。

そういうとらえ方のほうがわかりやすいんじゃないかな。

各地の山を見ると、ここは霊魂だ、こっちはちがうと感じる。

山自体も、ああ、いい山だな、とわかる。

それで行くと、やっぱり修験道の山だったりする。

ところが、山に入っちゃうと勢いを感じない。

昔の修験道の山でも、いま祈りが入っていないからだ。

だから、そういう山に、いま祈りを一生懸命入れているんだよ。

毎週のようにずっと山々を歩いている。

みんなといっしょに祈りを入れてる。

俺のところに来る若い人たちは、なにか感じるものがあるんだね。

自分が小さいとき行っていた山は、修験道の山だから、そこで修行を復活させたいとか、
そういう人たちが、いまいっぱい出てきている。

それに応えて、俺も淡路島《あわじ》で修行をやったり、茨城の日立の御岩山《おいわ》でやったりしている。那須《なす》の茶臼岳《ちゃうすだけ》、長野の飯山の小菅山《こすげやま》とか万仏山《まんぶつ》にも。そして今年からは宮島の弥山《みせん》でも。そこで修験道をやりたいという人たちがいるものだから、そこに祈りを入れるんだ。

＊ブナ帯文化＝西日本の照葉樹林文化に対して、東日本のブナ林など落葉広葉樹林帯の文化

# 国民を祈りで守る、それが天皇

日本でいちばんの祈りは天皇だよ。

天皇は、祈りからはじまって祈りで終わる。

毎日。とくに朝夕の祈り。

国民を祈りで守るというのが天皇だ。

日本で、いちばん神様を感じるのは天皇じゃないかな。たぶん。私も直接会ったことはないけれど。天皇には神々しさを感じるよね。

災害のときに行くとみんながよろこぶというのは、そういうことなんだろうね。

# 体のなかの水を揺すれば魂振り

曹洞《そうとう》宗の禅僧の藤田一照《ふじたいっしょう》さんと対談したとき、前の日に俺が「体のなかの水は魂だ」と彼に話したんだ。

そうしたら、彼はやっぱりいろんな気づきをするんだよね。身体論もやるから。

翌日対談の会場に行ったら、「星野さん、きょうは最初にワークショップをやります」という。

「何をやるの?」といったら、「魂振《たまふ》りをやります」と。

体のなかの水は魂だと私がいったので、「それじゃあ、体のなかの水を揺すりましょう」と。

それで対談する日にそれをやったの。

これはいいなと思った。

それからは俺もトークのあと、魂振りをやるようにしている。

二人一組になって、片方がうつぶせになる。そうして相方が、首から尻まで手を当てて相手の体を揺するだけ。そうすると体のなかの水が揺すられて、ある種の瞑想《めいそう》状態になるんだ。

ふだん座って瞑想していても、頭を使ってしまうからなかなか瞑想に入らないんだよ。ところが、横になって寝ていると、体は寝ているけれど、意識ははっきりしている。心地よいから、完全に瞑想状態に入る。

相手の体の水を揺するということは、やっている側の体の水も揺さぶられるわけだ。だから自分の魂振りにもなる。

三〇分交代で一時間くらいやれば最高だね。

どっちも魂が元気になる。

私は一照さんからこれをプレゼントされたと思っている。

体のなかの水は魂だ、と気づいたところから、このワークショップが出てきたんだね。

# 俺と稲魂が一体になった冬の峰修行

修行をしていると、いろいろ起こる。

「冬の峰」というのは、地元の山伏の最後の百日行だ。二人の松聖《まつひじり》がおこなう。最初の五〇日は自宅参籠《さんろう》なんだよ。それぞれが自宅の奥座敷に結界《けっかい》をつくって、興屋聖《こうやひじり》という稲でつくった小さな祠《ほこら》に、五穀《ごこく》、稲籾《いなもみ》とか穀物を入れておく。朝夕禊《みそぎ》をして、ただひたすらお祈りをするわけ。三度三度、女房がつくった精進《しょうじん》料理を食べて精進する。いまは、外に出たりしてもいいんだけどね。

九月の二四日から修行をはじめる。

五〇日を過ぎると、こんどは羽黒山の、昔の華蔵院《けぞういん》というお寺だった斎館《さいかん》に籠《こ》もる。そこは、いまは神社の宿坊みたいになってて、参拝者を泊めたりしているんだけれど、一一月一三日からは松聖の二人が一室に籠《こ》もって勤行《ごんぎょう》する。

神前の両サイドに床《とこ》の間があって、そこに興屋聖を置いて、そこで毎日、朝夕お風呂場で禊をしてから勤行する。

一人で五〇日やっているときは、何の変化もないんだよ。

ところが、二人で禊をして勤行をやっていると、「なるほど。それで昔の人は二人でやらせたんだな」という感じがするわけだね。

二人でやると、ものすごく祈りに力が入ってくるんだ。

こっちが声を出す、そっちも声を出して、同じようにやるわけだから。

そうして朝夕勤行して、日中は山頂へ行って、外の神様がいるようなところを二人で祈って回ったりしていた。

一一月二〇日ぐらいから、けっこう雪が降ってきて、一一月二七、二八日くらいかな、興屋聖をずっと勤行していたら、興屋聖のなかに見えたんだよ。

祈りというのは、見えないものが見えるんだろうね。

俺は、いまでも、それがものすごく強いんだけれど。

それだけ長い祈りというのは、それまでになかった。一〇〇日の行なんていうのはね。

その時点で、ほぼ六十何日になっているから、二ヵ月たっているわけだ。

それで、どっちもワーッと祈っていくと、やっぱり力が入ってくるわけだよ。そうしたら
興屋聖のなかに自分の姿みたいなものが、ふわっ、ふわっと見えてくるわけ。

俺と稲魂《いなだま》が一体になった、と思ったね。

冬の峰というのは、松聖が稲の魂の出現を待つという行なんだ。松聖は「待つ聖」なんだね。

稲籾には稲の魂、稲魂があるし、穀物には穀霊《こくれい》がある。

自分の魂と稲魂を一体化させる。

昔はそうやって稲魂を引き出した稲籾を、種籾《たねもみ》のなかに混ぜてほかのものにも魂をつけ、
それを田んぼに植えた。

だから庄内のお米はおいしいんだよ。出羽三山が庄内一円を護《まも》ってきたんだ。

魂の入った稲が里の稲になり、その稲がまた次の稲を生んでいく。

そうやって秋になって稲が実ると、収穫してお祭りをする。

こういうことを千何百年もつづけてきたのが、日本の本当の稲作の伝統なんだよ。

## 開祖の名前がなぜか出てこなかった不思議体験

ちょうどそのころ、二人で日中は、阿古谷《あこや》の滝に拝みにいっていた。羽黒山のお山を開いた蜂子皇子《はちこのおうじ》が、最初に入った羽黒の聖地に、阿古谷という滝があるんだ。

その日も、二人で阿古谷に拝みにいこうかとなった。でも、雪が降っていて、四〇センチぐらい積もっていた。

雪がないときなら行けるんだよ、道があるから。まっすぐ行って左に曲がるんだけど、雪が深くて道が見えないから、曲がらずまっすぐ行っちゃったんだよ。

まっすぐ行ったら、やっぱり沢があって滝があった。

この滝は阿古谷じゃない、というのはわかった。だけど、もう三時を過ぎていた。これからまた阿古谷を探していくとすると、日が短いから暗くなる。

ここを阿古谷に見立てて、ここで蜂子皇子を拝んでいこうよ、となった。

でも、拝もうとしても、どうしても「蜂子皇子」という言葉が出てこないんだよ。いつも拝んでいるのに。

祈れないの。

それで、「だめだ、これは祈らせないんだ」と、こっちの崖《がけ》をまた登っていったら、阿古谷に行く道へ出たんだよ。「あっ、こっちが阿古谷の道だ」とわかった。

そして阿古谷へ行った。

それで、阿古谷の滝へ行ったら、「蜂子の大神〜」と祈りの言葉がスーッと出た。

それで、しっかり拝んで帰った。

時期的にはちょうどそのころなんだよね、俺の姿が興屋聖に見えたのと……。

だから、「ああ、あれが稲魂と俺との憑依《ひょうい》だったのかな」という感じ方をしたの。

# 修行の世界は頭ではわからない

この冬の峰の話は、いろんなところで話した。

宗教学者の鎌田東二《かまたとうじ》さんがまだ京都大学にいたときのことだ。鎌田東二さんとは昔からの付き合いだ。彼が「荒行《あらぎょう》シンポジウム」をやるというので俺も呼ばれていった。

羽黒修験は俺、大峯《おおみね》修験は田中利典《たなかりてん》さんで、熊野《くまの》修験は高木亮英《たかぎりょうえい》さん、あと日蓮《にちれん》宗は正《しょう》中山《ちゅうざん》遠壽院《おんじゅいん》大荒行堂《だいあらぎょうどう》の戸田日晨《とだにってん》さんの四人だった。

初日は一人一時間ずつで、俺は冬の峰での経験を話した。その後、四人でパネルディスカッションをした。

四人で話したときには、そのことは特別話題にならないんだよ。修行した者からすると、それはありうることだから。

翌日、こんどは学者とのワークショップなんだけど、修行をしたことのない学者さんからは、聞かれるよね。

「それは星野さん、どういうことなんですか」と。

「どういうこともそういうことも、そのように感じたということだよ」

それはそうだろう。それしかいいようがない。

あのときは本当に疲れたね、そんな話で半日拘束《こうそく》されて。

# 祈る人には見えないものが現れる

俺はいま、滝を祈っていても、仏様がいっぱい出てくるんだよ。濁沢《にごりさわ》という羽黒山の聖地は大聖坊《だいしょうぼう》が護っている滝なんだけど、そこでも、仏様がパーッと出てきた。

そうしたら、その仏様を包み込むように女の人の顔が出てきた。濁沢の滝には、瀬織津姫《せおりつひめ》（＊）が祀《まつ》られている。

顔の目鼻立ちは、はっきりわからないけれど、女神だということは確かなわけ。それで、「ああ、これは瀬織津姫か」と感じた。

あとから考えてみたら、瀬織津姫というのは表へ出てこない女神なんだよね。顔がわからない、見られていない女神なんだよ。目鼻立ちがないんだもの。

祈りというのは、そういうエネルギーを持っている。

見えないものが現れるというエネルギー。

天皇陛下も祈り、祈り、祈りでやっている人だから、あの人も見えないものが見えているんじゃないかな。

祈りというのは、本当にそういうものだよ。

＊瀬織津姫＝罪や穢《けが》れを川で浄める女神

# 修験道がマインドコントロールにならないわけ

俺だって、祈って、祈って、祈って、祈って、祈った。あの東日本大震災のあとは。

いま、山伏は何をしなきゃならないかと。

そのときにやったのは、納経だ。日本や世界から、般若心経を一万巻写経してもらって、それを月山《がっさん》に納経しようと。

そうしたら一万三〇〇〇巻集まった。

その一万三〇〇〇巻を、こんどは一巻ずつぜんぶ読み上げる。黄金堂《こがねどう》や羽黒山の蜂子神社、大聖坊で観経《かんぎょう》し、二週間かかった。そうして一〇月九日、月山の頂上に納経したんだ。

そのときの籠《こも》り行《ぎょう》も、ものすごく祈りの強い行になった、東日本の供養《くよう》だったから。

その籠り行で感じたことがあった。

籠り行というのは、ずーっと長くやっているとものすごく穏やかになるんだよ。穏やかだけれど、中はメラメラなんだね。

表面は穏やかなんだけれども、中は燃えている。

それを感じとったときに、マインドコントロールというのはこれだと思った。

そこに言葉を入れられると、持っていかれる。素直な状態で動いているからね。

よく問題になるマインドコントロールといわれるのは、籠りをさせて、祈らせて、そういう素直な状態にして、言葉を入れて引っ張っていくんだね。

それで思ったのは、修験道というのはすばらしいと。

自然のなかに置くわけだから。

余分な言葉を入れないで、自然のなかに身を置きながら、なおかつ籠り行をやる。

日本人にいちばん合っているね。

# 瞑想のときは言葉を出さないほうがいい

籠り行というのは、外に出さないの。
だから籠りだけではだめだよ。
修験道が、本来昔から日本人にしっかり合ってたというのがわかるよ。
籠りと抖擻《とそう》（歩く）行と両方だからね。これは必要だよ。
だから俺は、「瞑想のときには言葉を出さないほうがいい」といっている。
音はいいけれど。言葉が入ると、そっちへ引いていけるもの。
そういうのは意識して引くんだもの。
怖いものだよ、人間から出る言葉だもの。
言葉のもとは音だから、そこだけ意識していればいいんだけどね、音だけで。

# 音楽も祈り、舞も祈り、自分のやり方でいい

本来、祈りは音でやったんじゃないかな。言葉はないから、「アーアーッ」と。

そのうちに、物をたたいてやるようになった。

音が出ると、こんどは踊りたくなるだろう。だから舞《まい》も祈りだ。

つまり祈りの表現は何でもいいんだよ。

「二礼二拍手一礼」なんて、そんなに気にすることはない。

拍手でもいいし、自分のやり方でいいんだよ。

だから俺は、いろんな人に、祈りを表現してもらってる。ミュージシャンとか、ベリーダンスとか踊る人たちに、お山で奉納してもらっているんだよ。

どんどん、そういうことをしていくといいかなと思っているんだ。

# 祈れば自分に勢いがつく

祈りというのは、自分にも返ってくることなんだよね。
山に祈りを入れる。
山に勢いがないから、祈りを入れて勢いを持たせる。
その結果、自分も勢いがついた。
これは山から勢いをもらった、ということではないような気がする。
自分が祈ることで、それが山から返ってきて、自分に勢いがつくことなんだよ。
だけど昔の人は、祈りをすることで山から勢いをいただいたと感じたんだろうね。
自分が祈っていることで、自分が勢いづいているわけだけど。
それを、祈っている対象から自分がいただいていると感じたんだろう。

昔の人たちは、本当に感じたままを言葉に出していたから、「山から勢いをいただいた、祈っていたら山から勢いをいただいた」という言い方をした。

昔の人は、感じたそのままを表現するから。

# 山で祈ると残り方がちがう

俺は、みんなを山に連れていって、山を祈ったり、滝を祈ったり、岩を祈ったり、勤行をしている。

祈りを声に出す。

そうすると、いままでと山のとらえ方がちがってくる。

だから、いかに山に連れていって自然をお祈りするかなんだよ。

どんどんそれをやらせる。

「ああ、山ってこういうものなんだ」と体で覚えないといけない。

登山だけで行く山というのはもったいないよ。

本当にもったいない。

残り方がちがうんだよ、祈って歩くと。

般若心経をあげればいいんだ。

般若心経を持っていって、それを読めばいい。

「まかはんにゃはらみた……」これだけでいい。

岩や滝の前でやればいい。

そういう人がどんどん増えていくと、「こういうものだ」とみんながなっていく。

だから、俺はあえて人がいるところで拝ませる。

「みなさんも気づけよ、山に登るだけじゃなくて」と。

山ガールはいいと思うね。山ガールに祈りが入ったら、なおいいと思う。

だから、山ガールに宝冠《ほうかん》を着けさせて山に連れていきたいなと思っているんだ。それで祈りを入れさせる。

そうすると、山ガールはものすごく興味を示す。

山で祈ると、そこに身を置いたことになる。

「感じる、考える」になっていく。

そういう場を、いかにつくってあげるかなんだ。

日立の御岩山、ここには水戸藩の祈願所があったんだけど、そこにも去年三〇人ぐらい集まったんだよ。

宝冠させて、注連《しめ》をかけて、金剛杖《こんごうづえ》を持たせて、それで祈りもいっしょにさせた。

みんな、いままでの山とちがったといっている。

初めての人たちは、それに気づくわけだね。

# 羽黒修験の祈りは
# どこでも
# 使える祈り

三語《さんご》拝詞《はいし》という短い言葉がある。

羽黒修験の祈り方だ。これはどこの山でも使える。

「諸々《もろもろ》の罪《つみ》けがれ　祓《はら》ひ禊《みそぎ》て清々《すがすが》し」

「遠《とお》つ神笑《かみえ》み給《たま》へ　稜威《いづ》の御霊《みたま》を幸《さきわ》へ給《たま》へ」

「天《あま》つ日《ひ》嗣《つぎ》の栄《さか》え坐《まさ》むこと　天地《あめつち》の共無窮《むたとこしえ》なるべし」

それぞれを三回ずついう。

それと俺は、般若心経もやる。修行中もそうだし、うちで勤行するときもそう。

伊勢神宮に行こうとも、明治神宮に行こうとも、般若心経もあげるんだ。

修験道は神仏習合だからね。

ただ、真ん中でやっているとやっぱり勤行時間が長くなるから、端のほうで拝んでいる。修行中は一枚の紙に、裏に般若心経、表にいまの三語拝詞と三山拝詞《さんざん》を載せて、これを持って歩く。

三山拝詞、これは出羽三山への祈りの言葉だ。

月山の大神様を拝むときは「あやにあやにくすしく尊《とう》と　月のみ山の　神の御前《みまえ》を拝《おろが》みまつる」

出羽《いでは》の大神様へは「あやにあやにくすしく尊と　出羽の　神の御前を拝みまつる」

湯殿山の大神様へは「あやにあやにくすしく尊と　湯殿のみ山の　神の御前を拝みまつる」

独特の節回しをつけて歌うように唱えるんだ。

だから、法螺貝と勤行でジャズともセッションできる。

東京でもやるよ。これはおもしろい。

般若心経なんて歌だから、ロックにもジャズにもなる。

山伏は芸能者だからね。

表現者だから。祈りが表現だから。

## 都会でもいい、平地でもいい、感じたところで祈る

平地だっていいよ。

お江戸でも、けっこう神社がある。林がこんもりしているところは、だいたい神社だからね。

そういうところへ行って祈ればいいんだよ。

俺もたまにお江戸の聖地巡礼を、フェイスブックで集めてやるよ。二〇人近く集まる。多いときは四〇人も集まるんだよ。

どこへ行くとはいわないの。日時と集合場所しか伝えない。

いまの人たちは、どこの神社へ行くというと、みんなネットで調べてくるから（笑）。

だめなんだよ、知識でつなげてくるから。

結局、自分で行って感じたところがパワースポットなんだから、その訓練をさせようと思って。

恵比寿《えびす》の飲み屋街のなかにある、恵比寿神社なんてすごいよ。あそこでお祈りしているとものすごくくる。

そういうものなんだよ。

ちょっとしたところなんだけど、いいところはいっぱいある。時間があると、一日に四ヵ所か五ヵ所ぐらい回ったりしている。

そういうところを連れて歩くと、そこで感じ取る子がいる。「これが、お前のパワースポットだよ」というわけだ。

自分が感じたことを信用すればいい。

## 大自然への感謝と先祖への感謝、それが日本人の祈り

祈りから、魂というのが残るような形になっているんだね。

俺、前は「魂が強いと見えないものが見える」という言い方をしていたんだけど、最近は、「祈りで見えないものが見える」という言い方になってきた。

そういうことだろうね。

魂というのは、祈れば活性化される。

日本人の宗教観というのは、結局、大自然や先祖への感謝だ。

この二つだよね。

「大自然と先祖に対する感謝」これが日本人の宗教観だよ。

だから祈りが日常だったんだろうね。

# 「ありがたい」手を合わせるそのことが大事

祈り方は、表現の仕方だから、いろんな形がある。

舞える人は舞ってもいいし、音を出す人は音でいいし、音を出す人も舞う人もいっしょになってコラボすればいい。

俺の祈願詞《きがんし》の場合は、いまだったら最初に「神は玉体《ぎょくたい》の安寧《あんねい》、天下泰平、国土安穏、風雨《ふうう》順時《じゅんじ》、五穀豊穣《ごこくほうじょう》、万民快楽《ばんみんけらく》」とまずいってから、

「このたびの熊本・大分の大震災で亡くなりし諸人《もろびと》らの御霊《みたま》の安寧、東日本大震災で亡くなりし諸人らの御霊の安寧、世界のすべての災害で亡くなりし諸人らの御霊の安寧と、被災された地域の復興を祈るとともに、戦争のない世界の平和を祈り、いまし拝《おろが》み奉《まつ》る諸人らの家内安全、身体堅固《けんご》、交通安全、厄難消除《やくなんしょうじょ》、諸願の成就《じょうじゅ》と道中の安全を祈りまつらく

と申す」と祈る。

祈るというのは先のことだけでなく、過去に亡くなった人たちの供養も祈るものだからね。

このときに、自分の祈りがある人は、祈願詞に入れればいい。

いま自分がいちばん祈りたいことがあるじゃない。結局、それをみんな心のなかで祈るわけだろう。

ただ手を合わせているだけでもいい。いまの自分でいいということだから。

昔の人たちは、ただ自然に手を合わせていたんじゃないか。

何でも「ああ、ありがたい」というとき、こう、手が合わさるじゃない。

祈りというのは、この手を合わせることが大事なんだろうね。

手を合わせる。

無意識のなかに、ありがたいものだという意識があるから、そうなるんだ。

言葉はなくてもいいわけだよ。

# 祈る、「うけたもう」、気になることをやる

どんな近所でもいい。山に行ったら、あるいは街なかでもいい。
自分が感じたところでお祈りをしてごらん。
ハイキングでは見えてこない、その先が見えてくる。
あるいは、
どんなときでも「うけたもう」といってごらん。
この前の高尾の修行で、道を間違えて崖のほうに行ってしまった。
でもこれも修行だ、と思って「みんな、ここの崖を登れ！」となったんだ。
みんな驚いただろうけど、修行中だから「うけたもう！」。
そうしたら登れるんだよ。

頭で考えてたら絶対登れない。
体で感じてやればできるんだよ。
そういうことが何度もあるから、はっきりわかる。
「うけたもう」という。
自分でそういうところに身を置くことが大切なんだね。
私は「うけたもう」の人生で七〇歳になった。
この年になっても、肉体は衰えていない。
それは魂が強くなっているから、衰えを感じないんだろうね。
だから、魂のまにまに、気になることをやる。
そうすると自分の魂がすごくよろこんで、強くなっていく。
頭で決めないこと。
感じたことからやりなさい。
魂のまにまにを大事にして。

**著者略歴**

羽黒山伏。一六〇〇年代からつづく山形県出羽三山（羽黒山・月山・湯殿山）の宿坊「大聖坊」の三男として、一九四六年に生まれる。

一九七一年、東洋大学文学部を卒業後、大聖坊一三代目を継承し、「秋の峰」に初入峰、山伏名「尚文」を拝命する。二〇〇七年、出羽三山の最高の修行である「冬の峰百日行」の松聖をつとめ、二〇〇八年より「松例祭」の羽黒権現役である所司前をつとめる。出羽三山神社責任役員理事、出羽三山祝部総代、ＮＰＯ法人公益のふるさと創り鶴岡理事。

出羽三山や全国の修験の山でも山伏修行を実施。全国各地で山伏の知恵を活かすべく生き方のトーク活動を「羽黒山伏の辻説法」として展開している。

# 感《かん》じるままに生《い》きなさい

## ——山伏《やまぶし》の流儀《りゅうぎ》

二〇一七年一月一五日　第一刷発行

著者　星野《ほしの》文紘《ふみひろ》
発行者　古屋信吾
発行所　株式会社さくら舎　http://www.sakurasha.com
東京都千代田区富士見一-二-一一　〒一〇二-〇〇七一
電話　営業　〇三-五二一一-六五三三　ＦＡＸ　〇三-五二一一-六四八一
編集　〇三-五二一一-六四八〇　振替　〇〇一九〇-八-四〇二〇六〇

装丁　アルビレオ
写真　高砂淳二
印刷・製本　中央精版印刷株式会社


ISBN978-4-86581-083-7